Impressum
Verlag: BABADADA GmbH, Nedderfeld 112 , 22529 Hamburg
Geschäftsführer / Verlagsleitung: Harald Hof
Druck: Books on Demand GmbH, In de Tarpen 42, 22848 Norderstedt

Imprint
Publisher: BABADADA GmbH, Nedderfeld 112 , 22529 Hamburg, Germany
Managing Director / Publishing direction: Harald Hof
Print: Books on Demand GmbH, In de Tarpen 42, 22848 Norderstedt

المدرسة

colegio

القسم
aula
يقسم
dividir
186/2
اللوح
pizarrón
patio de escuela
المعلّم
maestro
ورقة
papel
يكتب
escribir
القلم
birome
طاولة المكتب
escritorio
المسطرة
regla
الكتاب
libro
التلميذ
alumno

الحقيبة المدرسية

mochila

المقلمة

caja de lápices

قلم الرصاص

lápiz

البرّاية

sacapuntas

المِمحاة

goma (de borrar)

دفتر الرسم

bloc de dibujo

الرسمة

dibujo

الفرشاة

pincel

علبة التلوين

caja de pinturas

المقص

tijera

المادة اللاصقة

pegamento

دفتر التمارين

cuaderno de ejercicios

الواجب المدرسي

tarea

الرقم

número

يجمع

sumar

يطرح

restar

يضرب

multiplicar

يحسب

calcular

الحرف

letra

الأبجدية

abecedario

كلمة

palabra

النص

texto

يقرأ

leer

الطبشور

tiza

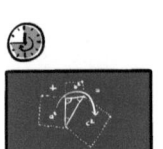

الحصة

lección

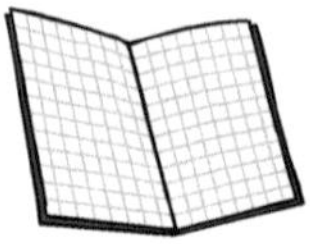

دفتر الدوام المدرسي

cuaderno de clase

الامتحان

examen

شهادة

certificado

اللباس المدرسي

uniforme escolar

التعليم

educación

الموسوعة

enciclopedia

الجامعة

universidad

المِجهر

microscopio

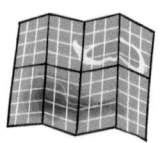

الخريطة

mapa

قماما

tacho (de basura)

فندق
hotel
بيت الشباب
hostel
مكتب صرافة
casa de cambio
حقيبة
valija
سيارة
auto

اللغة

idioma

نعم / لا

sí / no

حسناً

Está bien

مرحباً

hola

مترجم

traductor

شكراً

Gracias

كم ثمن ... ؟

¿cuánto cuesta...?

لا أفهم

No entiendo

مشكلة

problema

مساء الخير

¡Buenas tardes!

صباح الخير!

¡Buenos días!

ليلة سعيدة

¡Buenas noches!

إلى اللقاء

adiós

اتجاه

dirección

أمتعة السفر

equipaje

حقيبة

bolso

حقيبة ظهر

mochila

ضيف

invitado

غرفة

habitación

كيس للنوم

bolsa de dormir

خيمة

carpa

استعلامات سياحية

información turística

شاطئ

playa

بطاقة ائتمان

tarjeta de crédito

إفطار

desayuno

طعام الغداء

almuerzo

العشاء

cena

بطاقة سفر

pasaje

مصعد

ascensor

طابع بريدي

sello

حدود

frontera

الجمارك

aduana

سفارة

embajada

تأشيرة

visa

جواز سفر

pasaporte

نقل
transporte

طائرة
avión
سفينة
barco
سيارة إطفاء
autobomba
حافلة
colectivo
سيارة شاحنة
camión
زورق آلي
lancha a motor
درّاجة
bicicleta
سيارة
auto

عبارة

ferry

قارب

bote

دراجة نارية

moto

سيارة شرطة

patrullero

سيارة سباق

auto de carreras

سيارة مستأجرة

auto de alquiler

أسلوب تشاركي في استئجار السيارات

alquiler de autos

سيارة للجر

grúa

سيارة نقل القمامة

camión de basura

محرك

motor

وقود

nafta

محطة وقود

estación de servicio

إشارة مرور

señal de tránsito

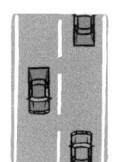

حركة السير

tránsito

ازدحام سير

embotellamiento

موقف سيارات

estacionamiento

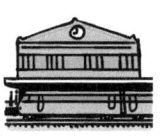

محطة قطار

estación de tren

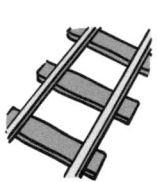

سكك حديدية

vías

قطار

tren

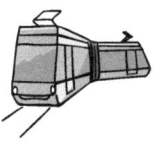

ترام

tranvía

عربة قطار

vagón

طائرة مروحية

helicóptero

مطار

aeropuerto

برج

torre

مسافر

pasajero

حاوية

contenedor

علبة كرتون

caja de cartón

عربة يد

carretilla

سلة

canasta

يقلع / يهبط

despegar / aterrizar

مدينة

ciudad

قرية

pueblo

مركز المدينة

centro de ciudad

بيت

casa

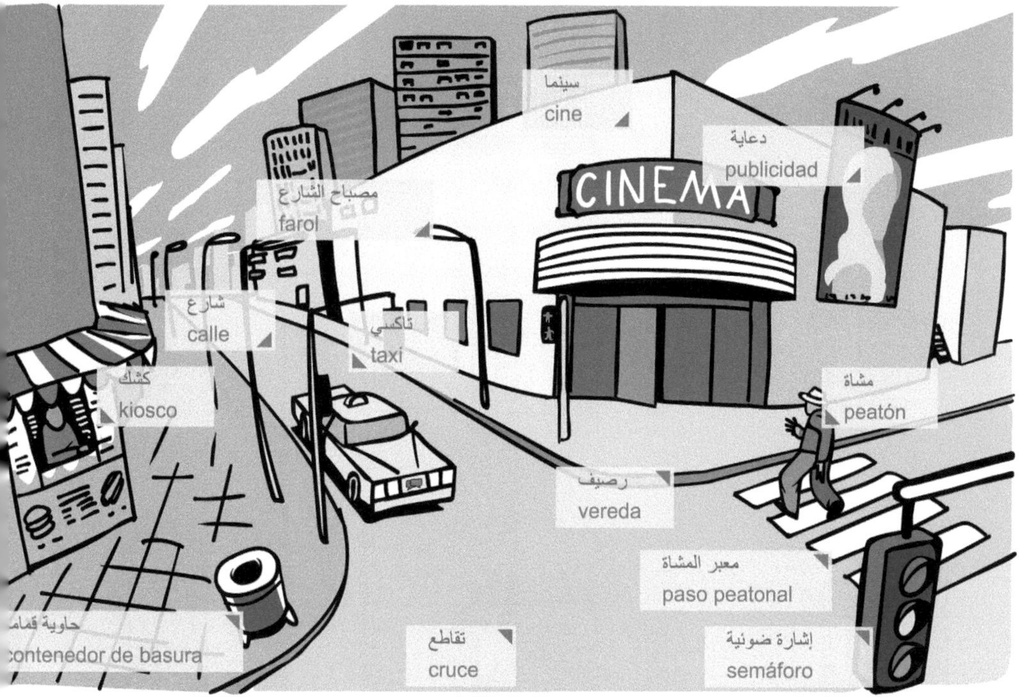

سينما
cine

دعاية
publicidad

مصباح الشارع
farol

CINEMA

شارع
calle

تاكسي
taxi

كشك
kiosco

مشاة
peatón

رصيف
vereda

معبر المشاة
paso peatonal

حاوية قمامة
contenedor de basura

تقاطع
cruce

إشارة ضوئية
semáforo

كوخ
cabaña

شقة
departamento

محطة قطار
estación de tren

دار البلدية
municipalidad

متحف
museo

المدرسة
colegio

الجامعة

universidad

مصرف

banco

المستشفى

hospital

فندق

hotel

صيدلية

farmacia

مكتب

oficina

مكتبة

librería

متجر

negocio

محل لبيع الزهور

florería

سوبرماركت

supermercado

سوق

mercado

متجر كبير

grandes tiendas

تاجر السمك

pescadería

مركز تسوّق

centro comercial

ميناء

puerto

حديقة عامة

parque

مقعد

banco

جسر

puente

درج، سلم

escaleras

مترو

subte

نفق

túnel

موقف حافلات

parada del colectivo

بار

bar

مطعم

restaurante

صندوق البريد

buzón

لافتة باسم الشارع

letrero

مقياس زمن الوقوف

parquímetro

حديقة حيوانات

zoológico

مسبح

pileta

مسجد

mezquita

مزرعة

granja

تلوث البيئة

contaminación

مقبرة

cementerio

كنيسة

iglesia

ملعب الأطفال

juegos infantiles

معبد

templo

طبيعة ريفية

paisaje

ورقة
hoja

علامة إرشاد
poste indicador

طريق
camino

مرج
pradera

حجر
piedra

شجرة
árbol

رحالة
excursionista

نهر
río

عشب
hierba

زهرة
flor

وادٍ

valle

جبل

montaña

بحيرة

lago

غابة

bosque

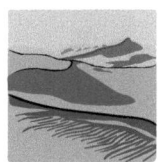

صحراء

desierto

بركان

volcán

قلعة

castillo

قوس قزح

arco iris

فِطر

champiñón

نخلة

palmera

بعوض

mosquito

ذبَابة

mosca

نملة

hormiga

نحلة

abeja

عنكبوت

araña

خنفساء

escarabajo

ضفدعة

rana

سنجاب

ardilla

قنفذ

erizo

أرنب

liebre

بومة

lechuza

عصفور

pájaro

بجعة

cisne

خنزير برّي

jabalí

غزال

ciervo

إلكة

alce

سد

presa

دولاب الطاحونة الهوائية

aerogenerador

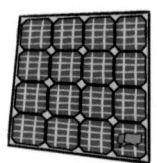

خلية شمسية

panel solar

مناخ

clima

مطعم
restaurante

نادل
mozo
لائحة الطعام
menú
كرسي
silla
حساء
sopa
بيتزا
pizza
غطاء المائدة
mantel
أدوات المائدة
cubiertos

مقبلات
....
entrada

الصحن الرئيسي
....
plato principal

حلوى أو فاكهة بعد الطعام
....
postre

مشروبات
....
bebidas

طعام
....
comida

زجاجة
....
botella

وجبات سريعة

comida rápida

طعام الشارع

comida callejera

إبريق الشاي

tetera

علبة السكر

azucarera

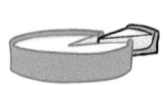

حصّة

porción

آلة الإسبريسو

cafetera expreso

كرسي عالٍ

sillita alta

فاتورة

cuenta

صينية

bandeja

سكين

cuchillo

شوكة

tenedor

ملعقة

cuchara

ملعقة الشاي

cucharita

منديل المائدة

servilleta

كأس

vaso

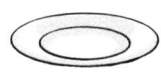

صحن
....
plato

صحن الحساء
....
plato hondo

صحن الفنجان
....
plato

صلصة
....
salsa

مملحة
....
salero

مطحنة الفلفل
....
molinillo de pimienta

خل
....
vinagre

زيت الطعام
....
aceite

توابل
....
especias

كتشاب
....
kétchup

خردل
....
mostaza

مايونيز
....
mayonesa

سوبرماركت
supermercado

عرض خاص
oferta especial
زبون
cliente
مشتقات الحليب
lácteos
فواكه
fruta
عربة تسوق
changuito

جزّار

carnicería

مخبز

panadería

يزن

pesar

خضار

verduras

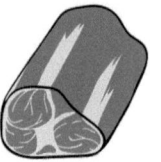

لحم

carne

المأكولات المجمّدة

alimentos congelados

مرتدلا أو جبن

....

fiambres

معلّبات

....

alimentos enlatados

مسحوق الغسيل

....

detergente en polvo

حلويات

....

golosinas

المواد المنزلية

....

electrodomésticos

منظّفات

....

productos de limpieza

بائعة

....

vendedora

صندوق الحساب

....

caja

أمين صندوق

....

cajero

قائمة المشتريات

....

lista de compras

أوقات العمل

....

horario de atención

محفظة النقود

....

billetera

بطاقة ائتمان

....

tarjeta de crédito

حقيبة

....

cartera

كيس بلاستيكي

....

bolsa de plástico

مشروبات

bebidas

ماء

agua

عصير

jugo

حليب

leche

كولا

bebida cola

نبيذ

vino

بيرة

cerveza

كحول

alcohol

كاكاو

cacao

شاي

té

قهوة

café

قهوة إسبريسو

café expreso

كابوتشينو

cappuccino

موزة
....
banana

تفاح
....
manzana

برتقال
....
naranja

بطيخ
....
melón

ليمون
....
limón

جزرة
....
zanahoria

ثوم
....
ajo

خيزران
....
bambú

بصل
....
cebolla

فِطر
....
champiñón

لوزيات
....
nueces

شعيرية
....
fideos

سباغيتي

....

tallarines

أرز

....

arroz

سلطة

....

ensalada

بطاطا مقلية

....

papas fritas

بطاطا مقلية

....

papas fritas

بيتزا

....

pizza

هامبورغر

....

hamburguesa

ساندويش

....

sándwich

شريحة لحم مقلية

....

churrasco

لحم خنزير

....

jamón

سلامي

....

salame

سجق

....

salchicha

دجاج

....

pollo

لحم محمر

....

asado

سمك

....

pescado

دقيق الشوفان

copos de avena

موسلي

muesli

كورن فلكس

copos de maíz

طحين

harina

كرواسان

medialuna

خبز صغير

pancito

خبز

pan

خبز محمص

tostada

بسكويت

galletitas

زبدة

manteca

لبن زبادي

cuajada

كعكة

torta

بيضة

huevo

بيض مقلي

huevo frito

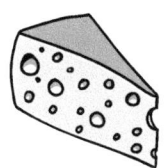

جبنة

queso

مثلجات

helado

سكر

azúcar

عسل

miel

مربّى الفاكهة

mermelada

كريم النوغا

pasta de chocolate

الكاري

curry

طعام - comida

مزرعة
granja

granja
مخزن غلال
granero
رزمة من التبن
fardo de paja
حقل
campo
حصان
caballo
مقطورة
remolque
جرار
tractor
مهر
potrillo
حمار
burro
خروف
oveja
خروف
cordero

ماعز

cabra

بقرة

vaca

عجل

ternero

خنزير

cerdo

خنزير صغير

lechón

ثور

toro

إوزّة

ganso

بطة

pato

صوص

pollo

دجاجة

gallina

ديك

gallo

جرذ

rata

قطة

gato

فأر

ratón

ثور

buey

كلب

perro

كوخ الكلب

cucha

خرطوم الحديقة

manguera

إبريق

regadera

منجل

guadaña

المحراث

arado

منجل
hoz

معزقة
azada

مذراة الزبل
horquilla

بلطة
hacha

عربة يد
carretilla

معلف
abrevadero

صفيحة الحليب
lechera

كيس
bolsa

سياج
reja

اصطبل
establo

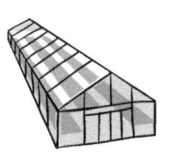

دفيئة
invernadero

تربة
suelo

بذور
semilla

سماد
fertilizador

حصّادة درّاسة
cosechadora

يحصد
....
cosechar

محصول
....
cosecha

بطاطا يامس
....
batatas

قمح
....
trigo

صويا
....
soja

بطاطا
....
papa

ذرة
....
maíz

سلجم
....
semilla de colza

شجرة فاكهة
....
árbol frutal

نبات منيهوت
....
mandioca

الحبوب
....
cereales

بيت

casa

مدخنة
chimenea
سقف
techo
مزراب
caño de desagüe
نافذة
ventana
مرآب
garaje
جرس الباب
timbre
باب
puerta
tacho de basura
صندوق البريد
buzón
حديقة
jardín

غرفة جلوس

living

الحمّام

baño

مطبخ

cocina

غرفة النوم

dormitorio

غرفة الأطفال

cuarto de los chicos

غرفة الطعام

comedor

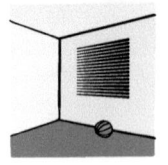

أرضية

piso

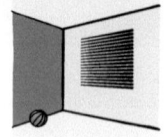

حائط

pared

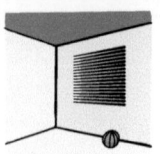

سقف

cielorraso

قبو

sótano

ساونا

sauna

بلكون

balcón

شرفة

terraza

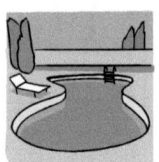

مسبح

pileta

جزّازة العشب

cortadora de pasto

بياضات السرير

sábana

بطانية

acolchado

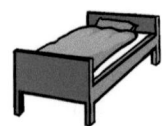

سرير

cama

مكنسة

escoba

سطل

balde

مفتاح كهربائي

interruptor

غرفة جلوس
living

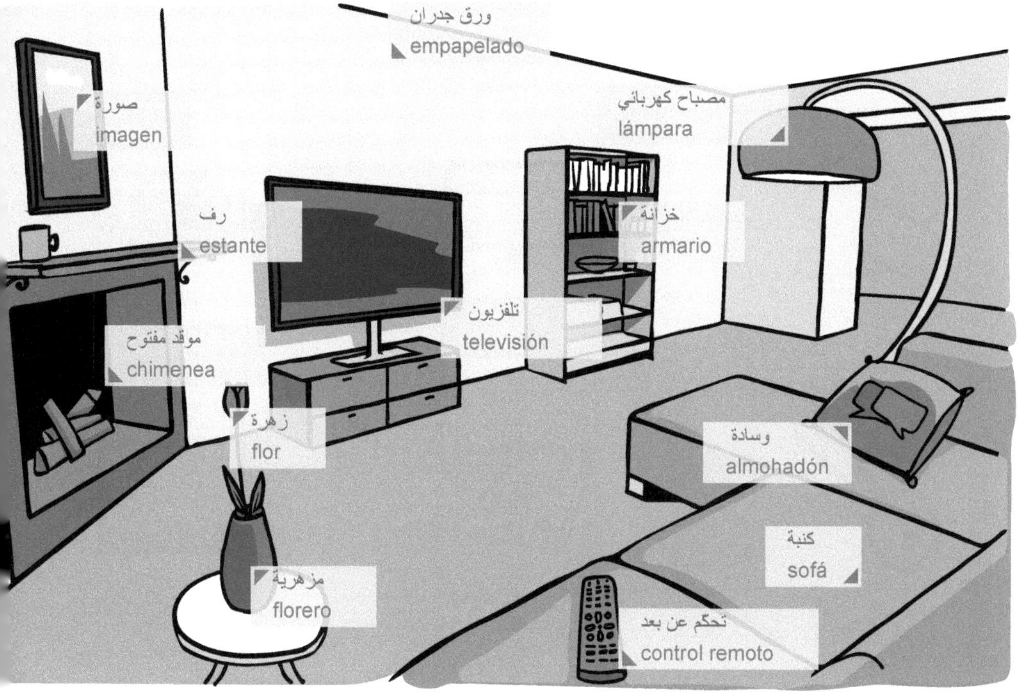

ورق جدران
empapelado
صورة
imagen
مصباح كهربائي
lámpara
رف
estante
خزانة
armario
تلفزيون
televisión
موقد مفتوح
chimenea
زهرة
flor
وسادة
almohadón
كنبة
sofá
مزهرية
florero
تحكم عن بعد
control remoto

بصاط

alfombra

ستارة

cortina

طاولة

mesa

كرسي

silla

كرسي هزّاز

mecedora

كرسي ذو ذراعين

sillón

الكتاب

libro

بطانية

frazada

زخرفة

decoración

الحطب

leña

فيلم

película

تجهيزات ستيريو

equipo de música

مفتاح

llave

جريدة

diario

لوحة مرسومة

pintura

مُلصق

póster

راديو

radio

دفتر ملاحظات

cuaderno

المكنسة الكهربائية

aspiradora

صبّار

cactus

شمعة

vela

مطبخ
cocina

براد
heladera
ميكروويف
microondas
ميزان المطبخ
balanza de cocina
محمصة الخبز
tostadora
منظفات
detergente
horno
ثلاجة
freezer
قماما
tacho de basura
جَلاية
lavaplatos

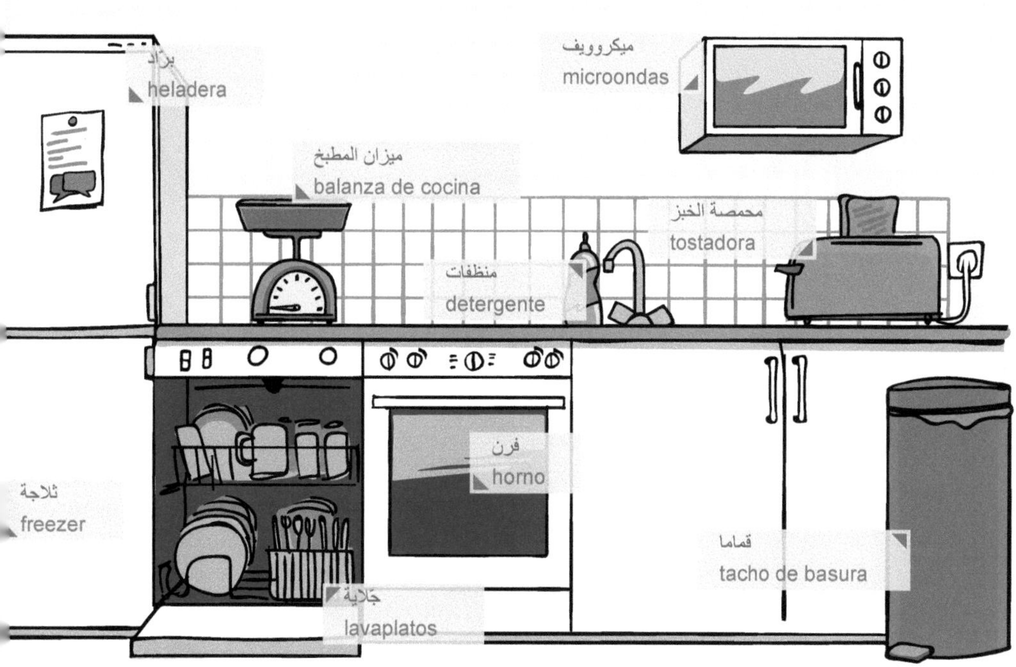

موقد

cocina

قِدر

olla

وعاء من الحديد

olla de hierro fundido

قدر صيني

wok

مقلاة

sartén

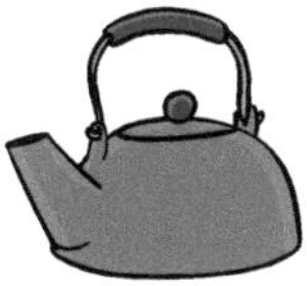

غلاية

pava

قدر البخار

....

vaporera

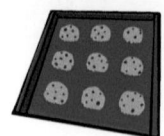

صينية

....

bandeja de horno

أواني

....

vajilla

فنجان

....

taza

صحن

....

bol

عيدان الأكل

....

palitos

مغرفة

....

cucharón

ملعقة منبسطة

....

estpátula

خفاقة

....

batidora

مصفاة

....

colador

مصفاة

....

colador

مبشرة

....

rallador

هاون

....

mortero

شواء

....

parrilla

موقد

....

fogata

لوح التقطيع

tabla de picar

نشّابة

palo de amasar

مفتاح الزجاجات

sacacorchos

علبة

lata

مفتاح العلب المعدنية

abrelatas

قماش الفرن

manopla

مجلى

pileta

فرشاة

cepillo

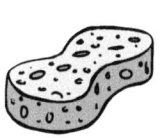

إسفنج

esponja

خلاط

batidora

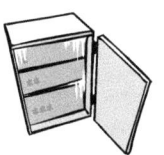

مجمّدة

congelador

زجاجة الطفل

mamadera

صنبور الماء

canilla

الحمّام

baño

تدفئة
calefacción
دوش
ducha
منشفة
toalla
ستارة الدوش
cortina de ducha
حمام رغوة
baño de espuma
حوض الحمام
bañadera
كأس
vaso
غسّالة
lavarropas
صنبور الماء
canilla
بلاط
baldosas
قفازات مطاطية
pelela
مجلى
pileta

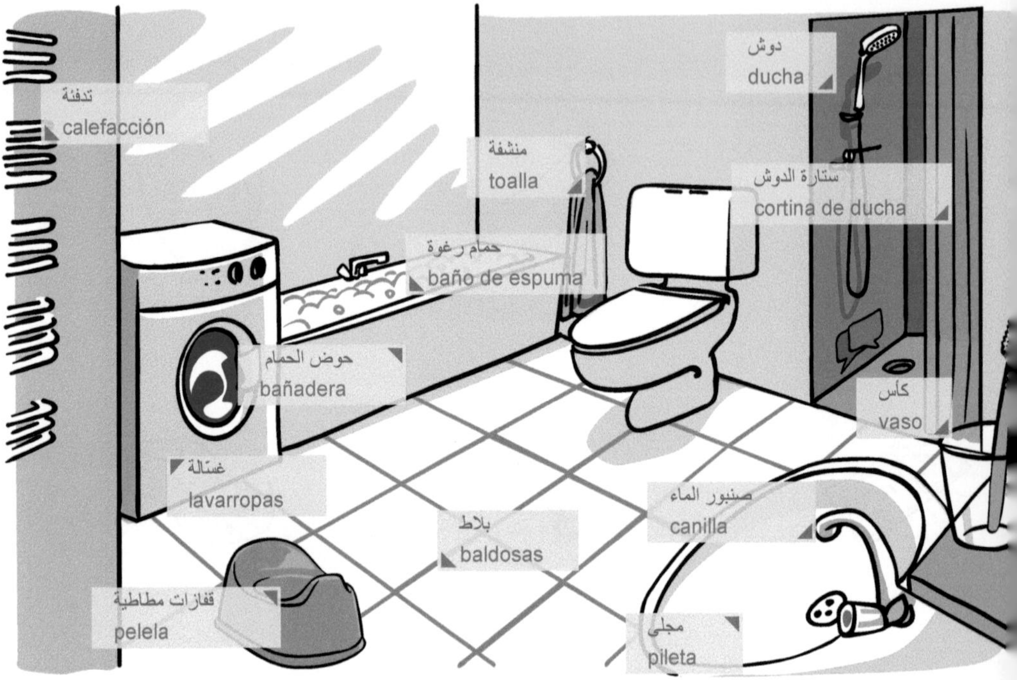

حمام

inodoro

مرحاض القرفصاء

letrina

حوض التشطيف

bidé

مبولة

mingitorio

ورق المرحاض

papel higiénico

فرشاة الحمام

cepillo para el inodoro

38 الحمّام - baño

فرشاة الأسنان

cepillo de dientes

معجون الأسنان

dentífrico

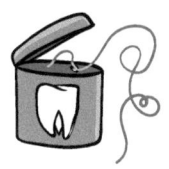

خيط حرير لتنظيف الأسنان

hilo dental

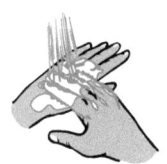

يغسل

lavar

رشاش ماء يدوي

ducha de mano

شطاف

ducha higiénica

حوض الغسيل

palangana

فرشاة الظهر

cepillo para espalda

صابون

jabón

جيل الدوش

gel de ducha

شامبو

shampoo

ممسحة

toallita

مصرف للماء

desagüe

مرهم

crema

مزيل الروائح

desodorante

مرآة

espejo

مرآة يد

espejito

موس حلاقة

maquinita de afeitar

رغوة الحلاقة

espuma de afeitar

كولونيا

aftershave

مشط

peine

فرشاة

cepillo

سشوار

secador de pelo

مثبت للشعر

spray

ماكياج

maquillaje

روج

lápiz de labios

طلاء أظافر

esmalte para uñas

قطن

algodón

مقص أظافر

tijera para uñas

عطر

perfume

سلّة الغسيل

portacosméticos

مقعد صغير

banqueta

ميزان

balanza

معطف الحمام

bata

قفازات مطاطية

guantes de goma

سدادة قطنية

tampón

منشفة صحية

toallita femenina

تواليت كيميائية

baño químico

غرفة الأطفال

cuarto de los chicos

منبّه
despertador
الحيوانات المحنطة
peluche
سيارة لعبة
coche de juguete
خشخشة
sonajero
بيت الدمى
casa de muñecas
هدية
regalo

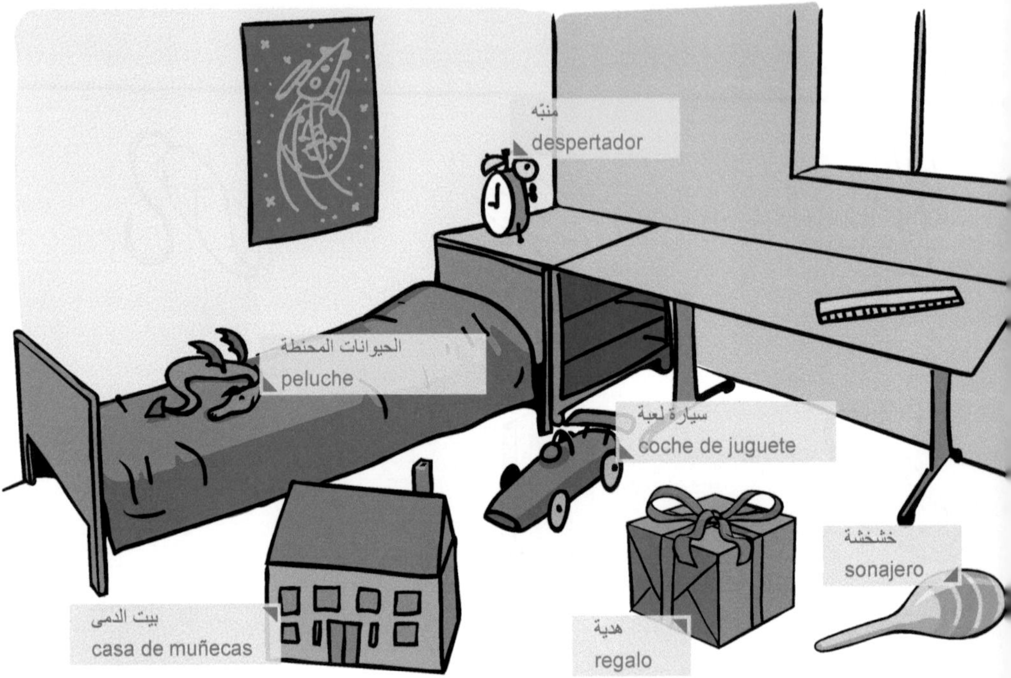

بالون
globo

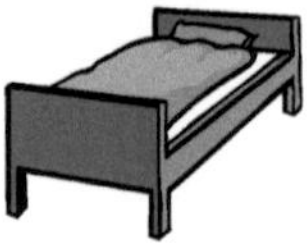

سرير
cama

عربة الأطفال
cochecito

لعبة الورق
cartas

أحجية
rompecabezas

رسوم هزلية
historieta

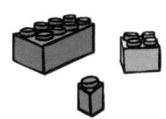

أحجار الليغو

piezas de lego

حجارة تركيب

ladrillos de juguete

دمية بطل

figura de acción

لباس الطفل

enterito (de bebé)

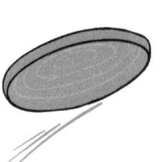

فريسبي

frisbee

دمية معلّقة

móvil para bebés

لعبة الطاولة

juego de mesa

لعبة النرد

dados

لعبة قطار

tren eléctrico

مصّاصة

chupete

حفلة

fiesta

كتاب مصوّر

libro de cuentos ilustrado

كرة

pelota

دمية

muñeca

يلعب

jugar

ملعب رملي للأطفال

arenero

أرجوحة

hamaca

لعبة

juguetes

ألعاب فيديو

consola de videojuegos

دراجة ثلاثية

triciclo

دمية على شكل الدب

osito de peluche

خزانة الثياب

armario

ثياب

ropa

جوارب قصيرة

medias

جوارب طويلة

medias panty

جورب بنطلون

calzas

شال
bufanda

شمسية
paraguas

تي شيرت
remera

حزام
cinturón

حذاء شتَوي
botas

شبشب
pantuflas

أحذية رياضية
zapatillas

صندل
sandalias

حذاء
zapatos

جزمة كاوتشوك
botas de goma

سروال داخلي
ropa interior

صدّارة
corpiño

قميص داخلي
chaleco

لباس ملاصق للجسم

body

بنطلون

pantalones

جينز

jeans

تنورة

pollera

بلوزة

blusa

قميص

camisa

سترة قطنية

pulóver

كنزة كم طويل

buzo

سترة فضفاضة

blazer

سترة

campera

معطف

tapado

معطف مطري

piloto

زي - طقم نسائي

traje

ثوب

vestido

ثوب الزفاف

vestido de novia

طقم

traje

قميص نوم

camisón

بيجاما

pijama

ساري

sari

حجاب

pañuelo para cabeza

عمامة

turbante

برقع

burka

قفطان

caftán

عباءة

abaya

مايوه

traje de baño

سروال سباحة

short de baño

شرت

shorts

بدلة رياضية

jogging

مئزر

delantal

قفازات

guantes

زر

botón

نظّارة

anteojos

إسوارة

pulsera

عقد

collar

خاتم

anillo

قرط

aro

طاقيّة

gorra

علاقة ثياب

percha

قبّعة

sombrero

ربطة العنق

corbata

سحّاب

cierre

خوذة

casco

حمّالة البنطلون

tiradores

اللباس المدرسي

uniforme escolar

زي موحّد

uniforme

مريلة الأطفال

babero

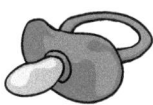

مصّاصة

chupete

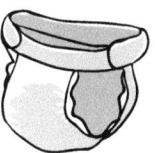

لفافة

pañal

مكتب

oficina

المخدّم
servidor
خزانة الملفات
archivero
طابعة
impresora
ورقة
papel
شاشة
monitor
فارة
mouse
طاولة المكتب
escritorio
ملف
carpeta
لوحة المفاتيح
teclado
كرسي
silla
قماما
tacho (de basura)
حاسوب
computadora

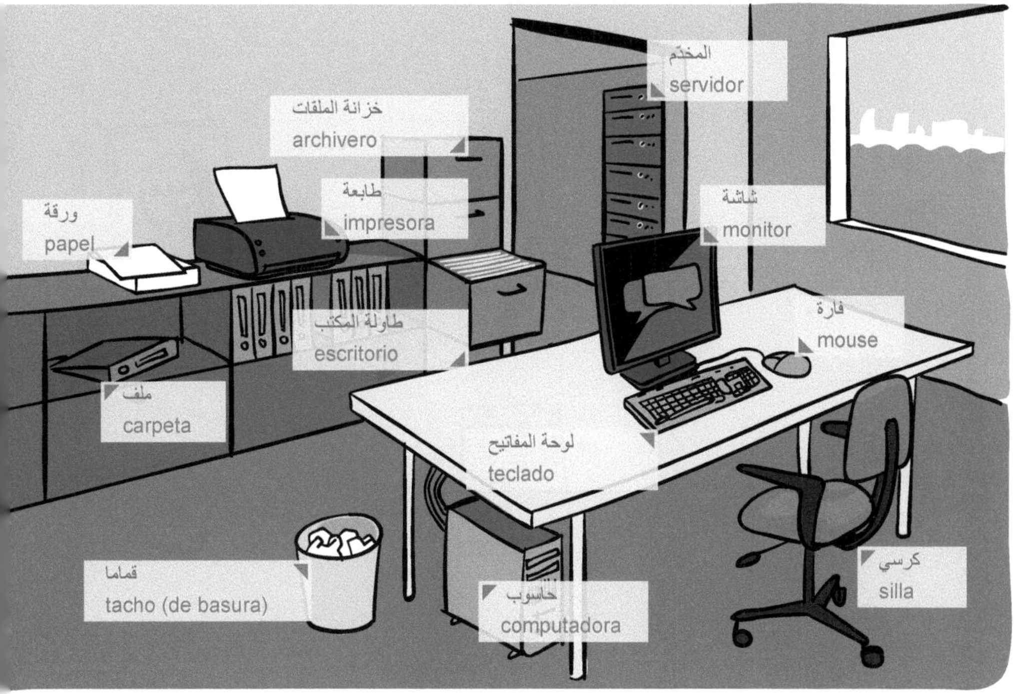

كأس من القهوة

taza de café

الآلة الحاسبة

calculadora

الإنترنت

internet

الحاسوب المحمول

laptop

رسالة

carta

خبر

mensaje

الهاتف المحمول

celular

شبكة

red

جهاز تصوير

fotocopiadora

البرمجيات

software

هاتف

teléfono

مقبس كهربائي

tomacorriente

فاكس

fax

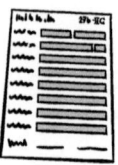

استمارة

formulario

وثيقة

documento

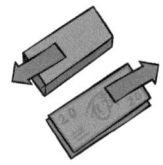

يشتري

comprar

يدفع

pagar

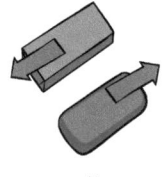

يتاجر

hacer negocios

مال

dinero

USD

دولار

dólar

EUR

يورو

euro

JPY

ين

yen

RUB

روبل

rublo

CHF

فرنك سويسري

franco suizo

CNY

يوان

yuan

INR

روبية

rupia

صرّاف آلي

cajero automático

مكتب صرافة

casa de cambio

ذهب

oro

فضة

plata

نفط

petróleo

طاقة

energía

سعر

precio

عقد

contrato

ضريبة

impuesto

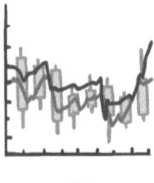

سهم

acción

يعمل

trabajar

موظف

empleado

رب العمل

empleador

مصنع

fábrica

متجر

negocio

المِهَن
ocupaciones

رجل إطفاء
bombero
الشرطي
policía
طبّاخ
cocinero
الطبيب
médico
طيّار
piloto

بستاني

....

jardinero

نجّار

....

carpintero

خيّاطة

....

modista

قاض

....

juez

كيميائي

....

farmacéutico

ممثل

....

actor

سائق حافلة
....
colectivero

سائق تاكسي
....
taxista

صياد سمك
....
pescador

أجيرة للتنظيف
....
mucama

بنّاء سقف
....
techista

نادل
....
mozo

صيّاد
....
cazador

رسّام
....
pintor

خباز
....
panadero

كهربائي
....
electricista

عامل بناء
....
albañil

مهندس
....
ingeniero

لحّام
....
carnicero

سمكري
....
plomero

ساعي البريد
....
cartero

جندي

soldado

مهندس معماري

arquitecto

أمين صندوق

cajero

بائع الزهور

florista

حلاق

peluquero

مراقب القطار

cobrador

ميكانيكي

mecánico

قبطان

capitán

طبيب أسنان

dentista

رجل العلم

científico

حاخام

rabino

إمام

imán

راهب

monje

كاهن

sacerdote

عدة عمل
herramientas

كماشة
tenaza
مطرقة
martillo
مفك البراغي
destornillador
مصباح يد
linterna
مفتاح ربط
llave

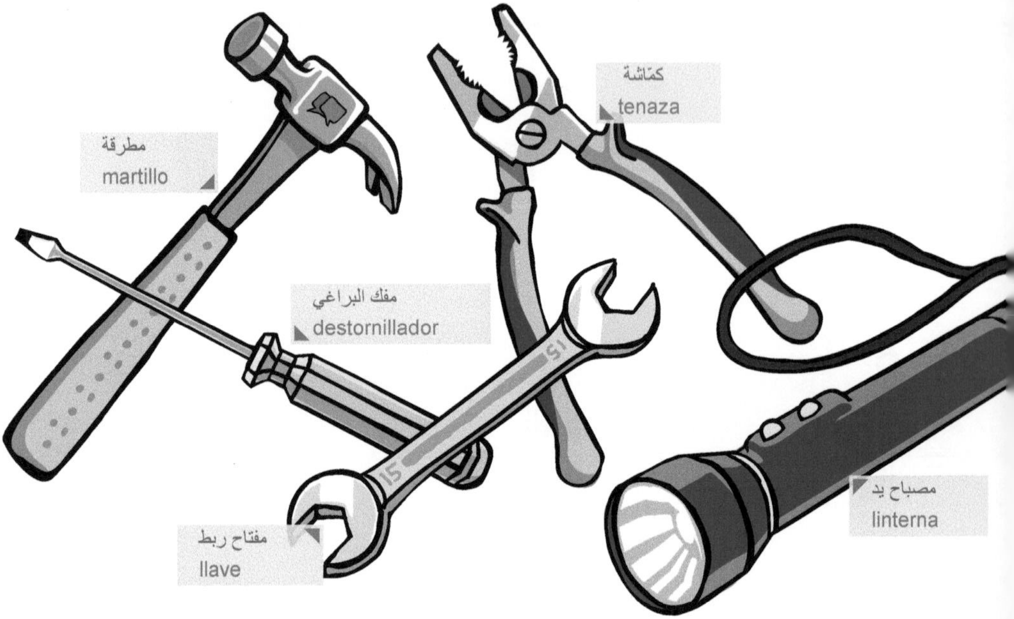

جرافة

excavadora

صندوق العدة

caja de herramientas

سلّم

escalera portátil

منشار

sierra

مسامير

clavos

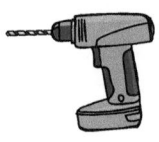

مثقب

taladro

يصلح

arreglar

مجرفة

pala de jardín

اللعنة

¡Qué bronca!

لقاطة الكناسة

pala de plástico

سطل الألوان

tacho de pintura

براغي

tornillos

آلات موسيقية

instrumentos musicales

مكبر الصوت
parlante
آلات الإيقاع
batería
غيتار
guitarra
كمان أجهر
contrabajo
بوق
trompeta

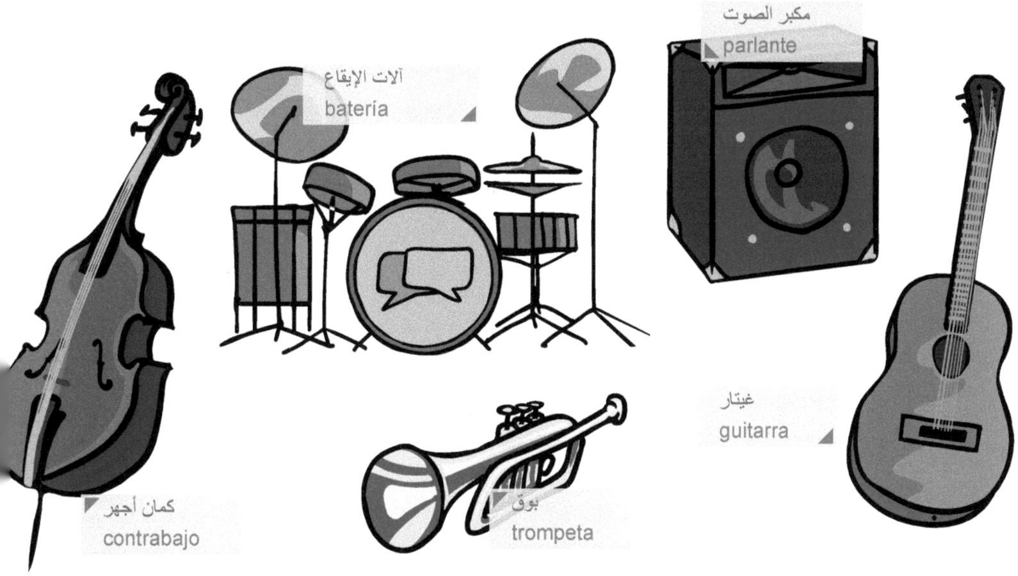

بيانو

piano

كمنجة

violín

جهير

bajo

طبل كبير

timbales

طبل

tambor

بيانو كهربائي

teclado

ساكسوفون

saxofón

ناي

flauta

ميكروفون

micrófono

حديقة حيوانات

zoológico

مدخل
entrada
نمر
tigre
قفص
jaula
حمار الوحش
cebra
علف للحيوانات
alimento para animales
دب باندا
oso panda

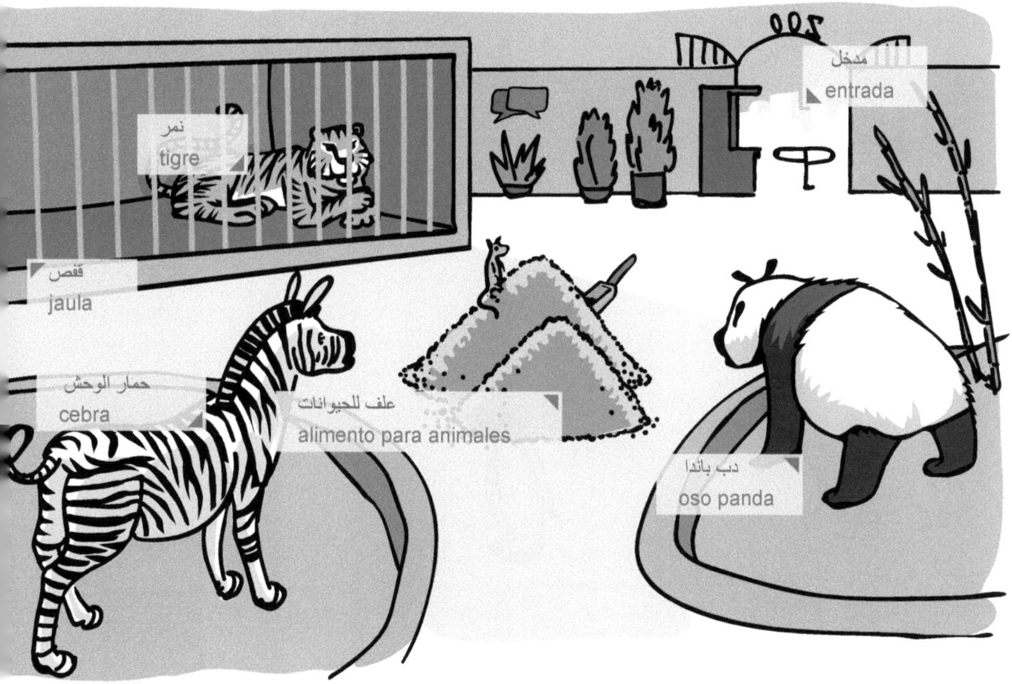

حيوانات

animales

فيل

elefante

كنغر

canguro

وحيد القرن

rinoceronte

غوريلا

gorila

دب

oso

جمل

camello

نعامة

avestruz

أسد

león

قرد

mono

طائر فلامينغو

flamenco

ببغاء

loro

دب قطبي

oso polar

بطريق

pingüino

سمك القرش

tiburón

طاووس

pavo real

أفعى

serpiente

تمساح

cocodrilo

حارس في حديقة الحيوان

cuidador del zoológico

عجل البحر

foca

نمر أمريكي مرقط

jaguar

فرس قزم

poni

نمر

leopardo

فرس النهر

hipopótamo

زرافة

jirafa

نسر

águila

خنزير برّي

jabalí

سمك

pescado

سلحفاة

tortuga

حيوان فظ البحري

morsa

ثعلب

zorro

غزال

gacela

رياضة

deportes

كرة القدم الأمريكية
fútbol americano
ركوب الدراجات
ciclismo
كرة التنس
tenis
كرة السلة
básquet
السباحة
natación
الملاكمة
boxeo
هوكي الجليد
hockey sobre hielo

كرة القدم

fútbol

الريشة الطائرة

bádminton

ألعاب القوى الخفيفة

atletismo

كرة اليد

handball

التزلج على الثلج

esquí

بولو

polo

actividades

يضحك
reír
يقفز
saltar
يعانق
abrazar
يمشي
caminar
يغني
cantar
يحلم
soñar
يصلي
rezar
يقبل
besar

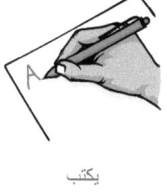

يكتب
....
escribir

يرسم
....
dibujar

يُري
....
mostrar

يدفع
....
presionar

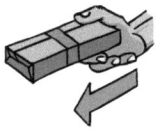

يعطي
....
dar

يأخذ
....
tomar

يملك

tener

يعمل

hacer

يوجد

ser

يقف

estar parado

يركض

correr

يسحب

tirar

يرمي

tirar

يقع

caer

يستلقي

estar acostado

ينتظر

esperar

يحمل

llevar

يجلس

estar sentado

يلبس

vestirse

ينام

dormir

يستيقظ

despertar

ينظر إلى ..
....
mirar

يبكي
....
llorar

يمسّد
....
acariciar

يمشّط
....
peinar

يتكلم
....
hablar

يفهم
....
entender

يسأل
....
preguntar

يسمع
....
escuchar

يشرب
....
beber

يأكل
....
comer

يرتب
....
ordenar

يحب
....
amar

يطبخ
....
cocinar

يقود
....
manejar

يطير
....
volar

يبحر بزورق شراعي

....

navegar

يحسب

....

calcular

يقرأ

....

leer

يتعلم

....

aprender

يعمل

....

trabajar

يتزوج

....

casarse

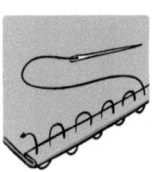

يخيط

....

coser

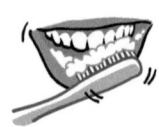

ينظف أسنانه

....

cepillarse los dientes

يقتل

....

matar

يدخن

....

fumar

يرسل

....

enviar

عائلة

familia

جدّة
abuela
جدّ
abuelo
أب
padre
أم
madre
الطفل
bebé
ابنة
hija
ابن
hijo

ضيف

invitado

عمّة / خالة

tía

عمّ / خال

tío

أخ

hermano

أخت

hermana

الجسم

cuerpo

الجبين
frente
العين
ojo
الكتف
hombro
الإصبع
dedo
الوجه
cara
الذقن
pera
اليد
mano
الساق
pierna
الصدر
pecho
الذراع
brazo

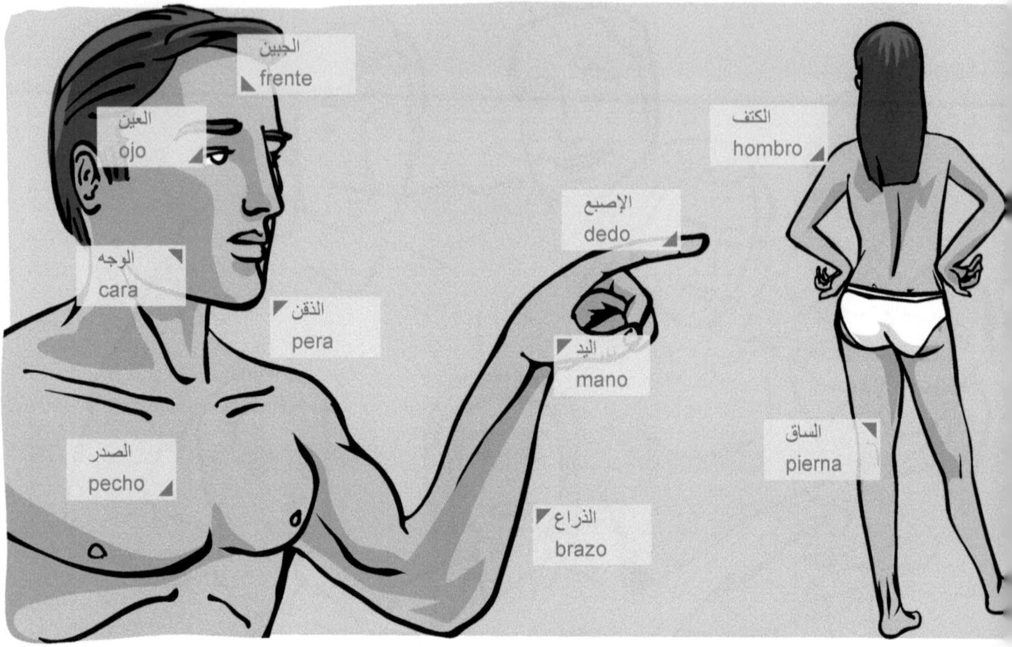

الطفل

bebé

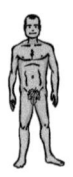

الرجل

hombre

المرأة

mujer

البنت

nena

الولد

nene

الرأس

cabeza

الظهر

espalda

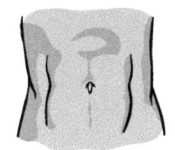

البطن

panza

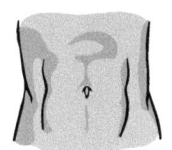

السرّة

ombligo

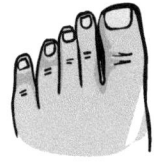

إصبع القدم

dedo del pie

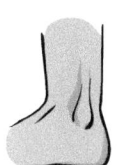

الكعب

talón

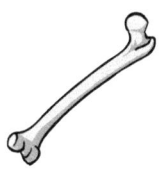

العظم

hueso

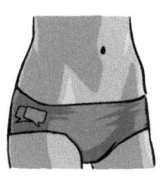

الورك

cadera

الركبة

rodilla

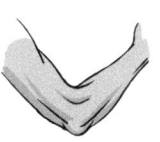

المِرفق

codo

الأنف

nariz

العَجُز

cola

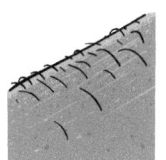

البشرة

piel

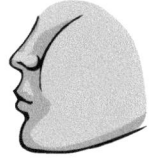

الخد

cachete

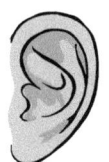

الأذن

oreja

الشفة

labio

الفم

boca

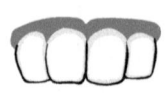

السن

diente

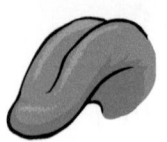

اللسان

lengua

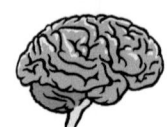

الدماغ

cerebro

القلب

corazón

العضلة

músculo

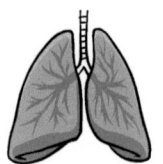

الرئة

pulmón

الكبد

hígado

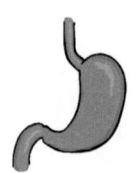

المعدة

estómago

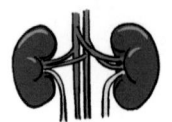

الكِلى

riñones

الاتصال الجنسي

sexo

الواقي المطاطي

preservativo

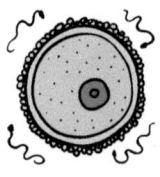

البويضة

óvulo

المنيّ

semen

الحمل

embarazo

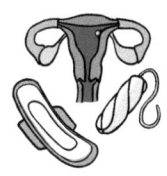

الحيض

menstruación

المهبل

vagina

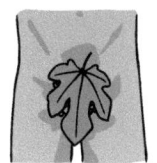

القضيب

pene

الحاجب

ceja

الشعر

pelo

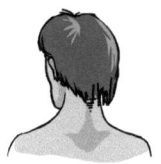

الرقبة

cuello

المستشفى
hospital

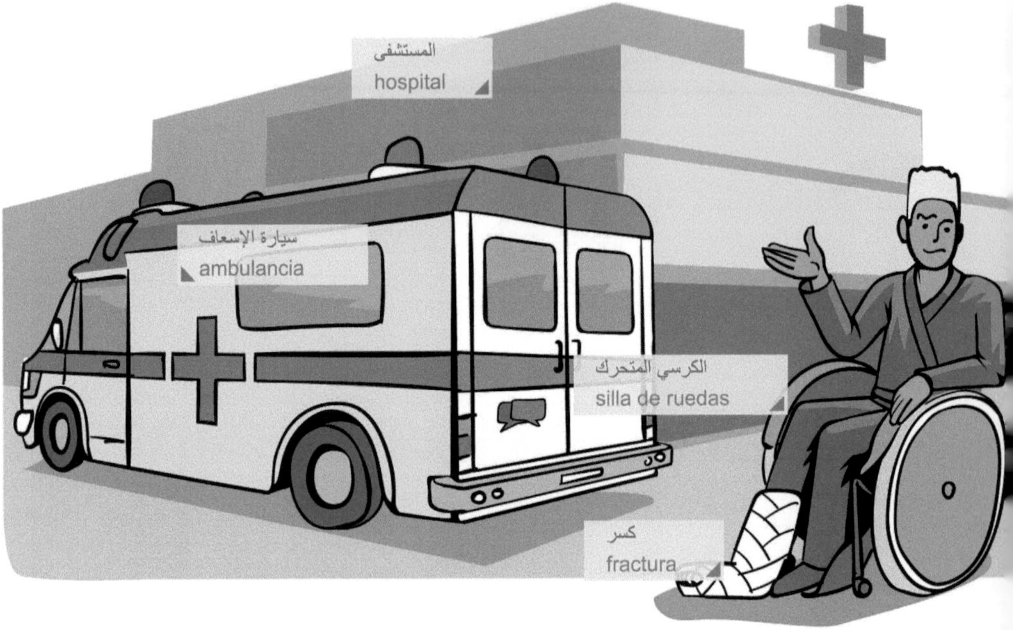

المستشفى
hospital
سيارة الإسعاف
ambulancia
الكرسي المتحرك
silla de ruedas
كسر
fractura

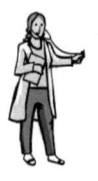

الطبيب

médico

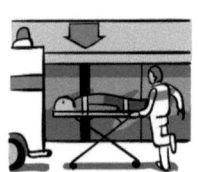

غرفة الإسعاف

sala de guardia

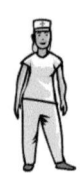

الممرضة

enfermera

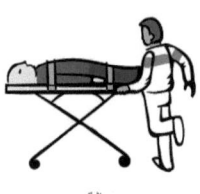

حالة

emergencia

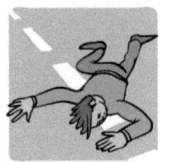

مغمى عليه

inconsciente

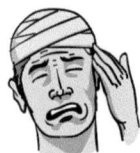

الألم

dolor

إصابة

lesión

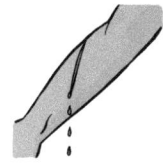

النزيف

hemorragia

احتشاء القلب

infarto

جلطة

ACV

حسسية

alergia

السعال

tos

الحُمّى

fiebre

إنفلونزا

gripe

الإسهال

diarrea

وجع الرأس

dolor de cabeza

السرطان

cáncer

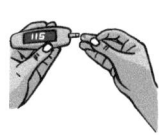

مرض السكر

diabetes

جرّاح

cirujano

مبضع

bisturí

عملية

operación

سيتي سكان

TC

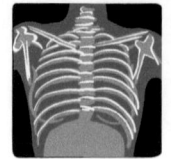

الأشعة السينية

rayos x

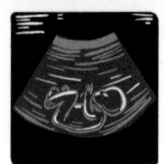

فوق الصوتي

ecografía

القناع

barbijo

المرض

enfermedad

غرفة الانتظار

sala de espera

العُكاز

muleta

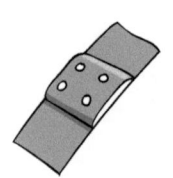

شريط لاصق

curita

ضماد

venda

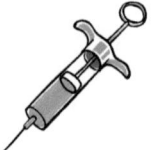

حقنة

inyección

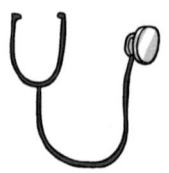

سمّاعة الطبيب

estetoscopio

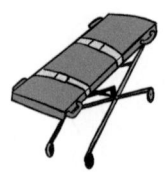

نقالة

camilla

ميزان حرارة

termómetro

ولادة

nacimiento

وزن زائد

sobrepeso

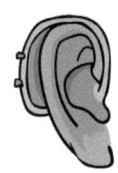

جهاز السمع

audífono

المواد المعقّمة

desinfectante

عدوى

infección

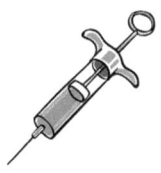

فيروس

virus

الإيدز

VIH / SIDA

الطب

remedio

اللقاح

vacunación

أقراص الدواء

comprimidos

حبّة الدواء

pastilla anticonceptiva

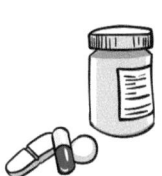

نداء النجدة

amada de emergencia

مقياس ضغط الدم

tensiómetro

مريض / صحيح

enfermo / sano

emergencia

النجدة!

¡Ayuda!

إنذار

alarma

اعتداء

agresión

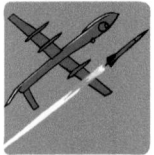

هجوم

ataque

خطر

peligro

مخرج طوارئ

salida de emergencia

حريق!

¡Fuego!

جهاز الإطفاء

matafuego

حادث

accidente

حقيبة الإسعاف الأولي

botiquín de primeros auxilios

أنقذونا

SOS

الشرطة

policía

أرض

Tierra

أوروبا

Europa

أمريكا الشمالية

América del Norte

أمريكا الجنوبية

América del Sur

أفريقيا

África

آسيا

Asia

أستراليا

Australia

المحيط الأطلسي

Atlántico

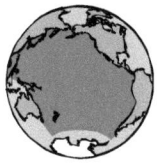

المحيط الهادي

Pacífico

المحيط الهندي

Océano Índico

المحيط المتجمد الجنوبي

Océano Antártico

المحيط المتجمد الشمالي

Océano Ártico

القطب الشمالي

polo norte

القطب الجنوبي

polo sur

منطقة القطب الجنوبي

Antártida

أرض

Tierra

بر

tierra

بحر

mar

جزيرة

isla

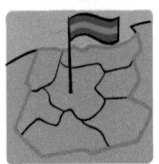

أمة

nación

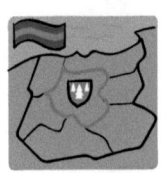

دولة

estado

ساعة

reloj

ميناء الساعة

....

esfera

عقرب الساعات

....

manecilla de las horas

عقرب الدقائق

....

minutero

عقرب الثواني

....

segundero

كم الساعة الآن؟

....

¿Qué hora es?

يوم

....

día

زمن

....

hora

الآن

....

ahora

ساعة رقمية

....

reloj digital

دقيقة

....

minuto

ساعة

....

hora

الإثنين
lunes

الأربعاء
miércoles

الجمعة
viernes

الثلاثاء
martes

السبت
sábado

الخميس
jueves

الأحد
domingo

الأمس
ayer

اليوم
hoy

غداً
mañana

الصباح
mañana

الظهر
mediodía

المساء
tarde

MO	TU	WE	TH	FR	SA	SU
1	2	3	4	5	6	7
8	9	10	11	12	13	14
15	16	17	18	19	20	21
22	23	24	25	26	27	28
29	30	31	1	2	3	4

أيام العمل
días hábiles

MO	TU	WE	TH	FR	SA	SU
1	2	3	4	5	6	7
8	9	10	11	12	13	14
15	16	17	18	19	20	21
22	23	24	25	26	27	28
29	30	31	1	2	3	4

نهاية الأسبوع
fin de semana

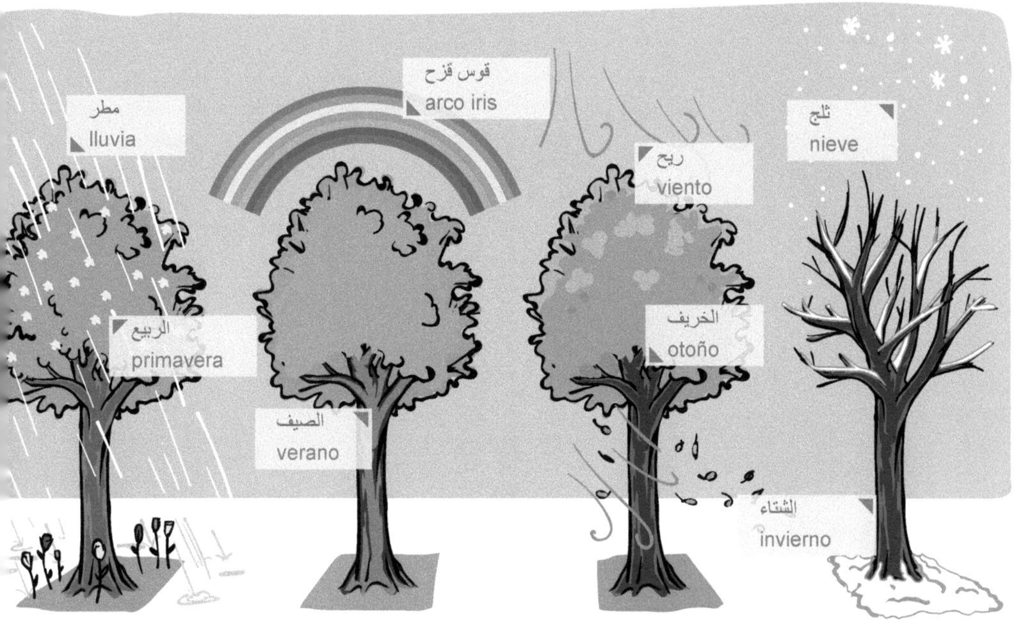

مطر
lluvia
قوس قزح
arco iris
ثلج
nieve
ريح
viento
الربيع
primavera
الخريف
otoño
الصيف
verano
الشتاء
invierno

التنبّؤ بالحالة الجوية
....
onóstico meteorológico

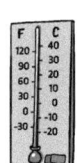

مقياس حرارة
....
termómetro

ضوء الشمس
....
luz del sol

سحابة
....
nube

ضباب
....
niebla

رطوبة الجو
....
humedad

برق

rayo

رعد

trueno

عاصفة

tormenta

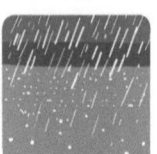

بَرَد

granizo

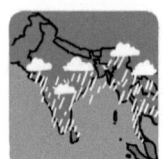

ريح موسمية

monzón

طوفان

inundación

جليد

hielo

كانون الثاني / يناير

enero

شباط / فبراير

febrero

آذار / مارس

marzo

نيسان / أبريل

abril

أيار / مايو

mayo

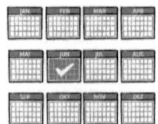

حزيران / يونيو

junio

تموز / يوليو

julio

آب / أغسطس

agosto

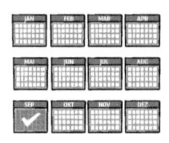

أيلول / سبتمبر

septiembre

تشرين الأول / أكتوبر

octubre

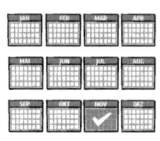

تشرين الثاني / نوفمبر

noviembre

كانون الأول / ديسمبر

diciembre

أشكال

formas

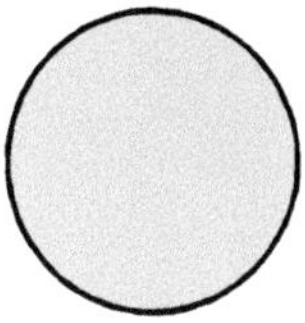

دائرة

círculo

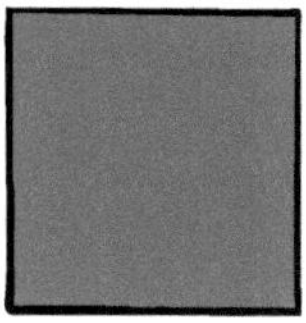

مربّع

cuadrado

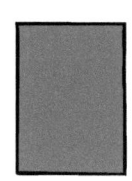

مستطيل

rectángulo

مثلث

triángulo

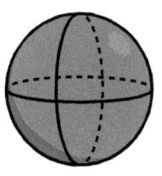

كرة

esfera

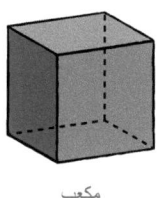

مكعب

cubo

ألوان

colores

أبيض

blanco

أصفر

amarillo

برتقالي

naranja

وردي

rosa

أحمر

rojo

بنفسجي

violeta

أزرق

azul

أخضر

verde

بنّي

marrón

رمادي

gris

أسود

negro

الأضداد

opuestos

كثير / قليل

mucho / poco

غضبان / هادئ

enojado / tranquilo

جميل / قبيح

lindo / feo

بداية / نهاية

principio / fin

كبير / صغير

grande / chico

فاتح / قاتم

claro / oscuro

أخ / أخت

hermano / hermana

نظيف / وسخ

limpio / sucio

كامل / ناقص

completo / incompleto

نهار / ليل

día / noche

ميت / حيّ

muerto / vivo

عريض / ضيّق

ancho / angosto

صالح للأكل / غير صالح

comestible / no comestible

شرّير / لطيف

malo / amable

مثير / ممل

entusiasmado / aburrido

سمين / نحيف

gordo / flaco

أولاً / أخيراً

primero / último

صديق / عدو

amigo / enemigo

مليء / فارغ

lleno / vacío

صلب / ليّن

duro / blando

ثقيل / خفيف

pesado / liviano

جوع / عطش

hambre / sed

مريض / صحيح

enfermo / sano

غير شرعي / شرعي

ilegal / legal

ذكي / غبي

inteligente / estúpido

يسار / يمين

izquierda / derecha

قريب / بعيد

cerca / lejos

جديد / مستعمل

nuevo / usado

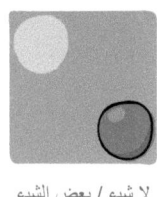

لا شيء / بعض الشيء

nada / algo

مسِن / شاب

viejo / joven

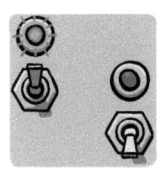

يشعل / يطفئ

encendido / apagado

مفتوح / مغلق

abierto / cerrado

خافت / عالٍ

silencioso / ruidoso

غني / فقير

rico / pobre

صح / خطأ

correcto / incorrecto

أحرش / املس

áspero / suave

حزين / سعيد

triste / contento

قصير / طويل

corto / largo

بطيء / سريع

lento / rápido

مبلول / جاف

mojado / seco

ساخن / بارد

caliente / frío

حرب / سلم

guerra / paz

أرقام
números

0	1	2
صفر	واحد	اثنان
cero	uno	dos
3	4	5
ثلاثة	أربعة	خمسة
tres	cuatro	cinco
6	7	8
ستة	سبعة	ثمانية
seis	siete	ocho
9	10	11
تسعة	عشرة	أحد عشر
nueve	diez	once

12

اثنا عشر

doce

13

ثلاثة عشر

trece

14

أربعة عشر

catorce

15

خمسة عشر

quince

16

ستة عشر

dieciséis

17

سبعة عشر

diecisiete

18

ثمانية عشر

dieciocho

19

تسعة عشر

diecinueve

20

عشرون

veinte

100

مائة

cien

1.000

ألف

mil

1.000.000

مليون

millón

idiomas

الإنكليزية
....
inglés

الإنكليزية الأمريكية
....
inglés americano

لغة ماندارين الصينية
....
chino mandarín

الهندية
....
hindi

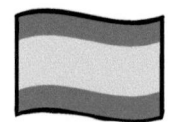

الإسبانية
....
español

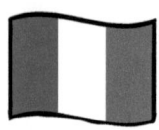

الفرنسية
....
francés

العربية
....
árabe

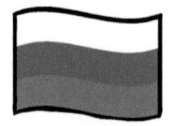

الروسية
....
ruso

البرتغالية
....
portugués

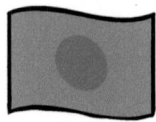

البنغالية
....
bengalí

الألمانية
....
alemán

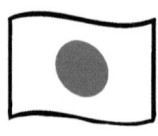

اليابانية
....
japonés

من / ماذا / كيف

quién / qué / cómo

أنا

yo

أنت

vos

هو / هي

él / ella

نحن

nosotros

أنتم

ustedes

هم

ellos

من؟

¿quién?

ماذا؟

¿qué?

كيف؟

¿cómo?

أين؟

¿dónde?

متى؟

¿cuándo?

اسم

nombre

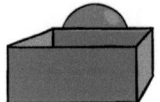

أين
dónde

خلف

detrás

في

en

أمام

adelante de

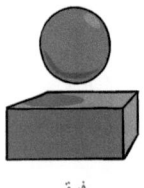

فوق

por encima de

على

sobre

تحت

debajo de

جنب

al lado de

بين

entre

مكان

lugar